우리는 어떻게 **소리**를 들을까?

COMMENT ENTENDONS-NOUS?
*by Gérald Fain*

민음 바칼로레아 035

# 우리는 어떻게
# **소리**를 들을까?

제랄드 팽 | 박경한 · 김정진 감수 | 김성희 옮김

민음in

# 차례

## 질문 : 우리는 어떻게 소리를 들을까?

우리가 감각 기관을 통해 얻는 정보 가운데 청각 정보는 얼마나 될까? 놀랍게도 무려 40퍼센트나 된다. 신생아 1000명 중의 1명이, 그리고 인구의 약 7퍼센트가 겪고 있는 가장 흔한 장애는? 바로 청각 장애이다. 우리 귀가 30분간 소음에 노출된 뒤에 피로에서 회복하려면 시간이 얼마나 걸릴까? 두 배에 해당하는 1시간이 필요하다.

청각에 관한 이런 정보를 아는 사람은 많지 않을 것이다. 청각이라는 감각에 우리는 큰 관심을 쏟지 않지만, 사실 청각이 우리 삶에서 맡는 역할은 아주 중대하다. 다른 사람과 의사소통을 하게 해 주기 때문이다. 타인과 어울려 살아가는 사회적 존재인 인간에게 청각은 더없이 중요한 감각이다.

우리는 청각을 통해 주변의 소리와 사람들의 목소리, 음악을 듣는다. 청각은 모든 의사소통의 시작이라 할 수 있다. 귀는 소리를 잘 수용하도록 만들어져 있으며, 소리의 송신과 수신은 밀접하게 연관되어 있어 따로 분리할 수 없다. 소리를 측정할 때 중요한 변수로 작용하는 높이나 세기, 음색 또한 반드시 고려해야 하는 요소들이다.

청각은 일종의 경계 기능을 하기도 한다. 우리는 무슨 소리를 들었을 때 '무엇'이 '어디'에서 내는 소리인지 곧바로 파악을 할 수 있다. 심지어 잠을 자는 동안에도 우리의 청각은 그런 정보를 파악해 낸다.(또한 상대방의 표정과 어조만 파악해도, 그 사람이 우호적인지 아닌지 알 수 있다.)

우리 귀에 이르는 소리의 종류에는 어떤 것들이 있을까? 그리고 우리는 어떻게 소리를 들을까? 그것을 알아보기에 앞서 '소리가 들리는 것'과 '소리를 듣는 것'의 차이를 먼저 짚어 보자.

소리가 들리는 것은 수동적인 현상이다. 지나가는 소리가 귀에 저절로 들리는 것이 여기에 해당하며, 앞에서 말한 경계 기능도 이와 관련이 있다. 그에 반해 소리를 듣는 것은 능동적이고 인지적인 현상이며, 각성 상태와 주의력, 기억의 영향을 받는다. 소리를 듣는 경우에는 소리가 말초 기관*에서 중추 신경°으로 전달돼 해석되는 것이 아니라, 소리가 목적지에 도착하기 전에 우리의 뇌가 인지 능력을 통해 먼저 그 소리를 판독한다. 이러한 인지적 예측 능력 덕분에 듣는 사람은 상대방의 말에 곧바로 반응할 수 있는 것이다.

하지만 익숙하지 않은 외국어를 들을 때는 음절 하나하나를 해독해야 하기 때문에 두 번째 내지 세 번째 문장부터는 해독이 늦어져 결국 상대방의 말을 놓치게 된다. 이러한 인지적 예측을 하려면 우리는 각성 상태에 있어야 한다. 각성은 인지 과정에서 정보의 흐름을 통제하는 일종의 스위치 역할을 한다. 이 각성 상태에 따라 주의력과 기억력이 좌우되며, 각성 상태 자체는 수면을 얼마나 제대로 취했느냐에 따라 달라진다.

주의력에는 **분산 주의력**과 **집중 주의력** 두 가지 유형이 있다. 젊은 사람들은 여러 개의 텔레비전 채널을 동시에 보듯이 여러 가지 대화를 동시에 들을 수 있다. 주의를 여러 곳으로 분산시

● ● ●

**말초 기관** 몸의 각 부분에 있는 감각 기관과 피부, 근육 등을 말한다. 말초 기관은 말초 신경을 통해 중추와 연결된다.
**중추 신경** 사람을 비롯한 고등 동물들의 신경 세포 본체가 모여 있는 곳. 신경 섬유를 통해 자극을 수용하고 통제하며 다시 근육, 분비선 따위에 자극을 전달한다. 척추동물의 뇌와 척수가 여기에 해당한다.

킬 수 있기 때문이다. 그러나 나이가 들면 분산 주의력과 집중 주의력이 떨어져서 상대방의 말을 뜸 들이고 나서야 알아듣게 된다. 또 한 번에 한 가지 일에만 집중할 수 있어, 대화 도중에 다른 일에 주의를 빼앗기면 상대방이 한 번 더 말하게끔 만든다.

기억은 소리를 처리하는 모든 차원에 개입한다. 그중에서도 **단기 기억**은 지배적인 역할을 하며, 상대방의 말을 지속적으로 이해할 수 있게 해 준다.

나이가 들면 청각 기능만 떨어지는 게 아니라 인지 능력도 떨어진다. 따라서 노인에게 큰 소리로 말하는 것은 아무 소용이 없다. 그보다는 천천히 말해서 한 번에 처리해야 할 정보의 양을 줄여 주는 것이 더 효과적이다.

청각 기능의 노화에 대해서는 뒤에서 다시 얘기하기로 하고, 우선 우리가 하루도 빠짐없이 듣고 있는 다양한 소리에 대해 알아보자.

# 1

# 소리의 종류에는
## 어떤 것들이 있을까?

## 소리란 무엇일까?

소리는 물리적인 현상으로, 귀 주변 매질*의 진동에 의해 전달된다. 물에 돌멩이를 던졌을 때 수면 위로 동그란 파문이 퍼지는 것처럼 소리는 음파를 일으키면서 퍼져 나간다. 이런 역학적인 설명 대신에 소리를 주체로 놓고 정의해 볼 수도 있다. 즉 소리란 귀로 들어와 뇌로 전달되어 해석되는 정보이다.

소리가 퍼져 나가는 속도는 매질이 무엇이냐에 따라 달라진다. 예를 들어 공기 속에서 소리는 1초에 340미터를 이동하고,

● ● ●

**매질** 어떤 파동 또는 물리적 작용을 한 곳에서 다른 곳으로 옮겨 주는 물질. 음파를 전달하는 공기, 탄성파를 전달하는 탄성체 따위가 있다.

물에서는 1500미터, 강철에서는 5000미터, 철근 콘크리트에서는 1000~2000미터를 이동한다.

소리 하나하나를 정확히 설명하는 데 필요한 매개 변수에는 **주파수**(진동수), **주기, 세기, 음색** 네 가지가 있다.

주파수(진동수)는 소리의 높이와 같은 것으로 초당 진동하는 횟수를 말하며 헤르츠(Hz)로 표시한다. 저음의 주파수는 1초에 약 100번 내지 200번 진동하고, 고음의 주파수는 1초에 1000번 이상 진동한다.

주기는 주파수와 반비례 관계에 있는 것으로(주기=1/주파수), 진동 한 번이 완전히 이루어지는 데 걸리는 시간을 말한다. 주기는 초로 표시한다.

세기는 진폭이라고도 하며, 데시벨(dB)로 표시된다. 강한 소리인지 약한 소리인지를 결정한다.

음색은 고조파[*]의 수와 성질에 따라 정해지며, 어떤 소리가 듣기 좋고 나쁜지를 결정한다. 고조파가 많을수록 소리가 더 풍성하고 따뜻하게 들린다. 하지만 너무 많을 경우에는 휘파람

● ● ●

**고조파** 반복파형은 기본 주파수를 가지는 사인파(이를 기본파라 한다.)와 기본 주파수의 정수 배의 주파수를 가지는 파동으로 분해할 수 있다. 고조파는 여기에서 기본 주파수 이외의 파동을 말한다.

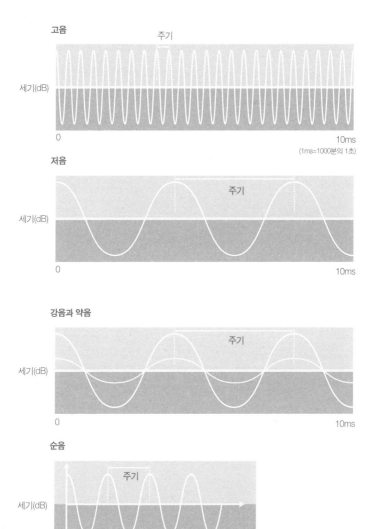

**고음**

주기

세기(dB)

0                                                    10ms
                                          (1ms=1000분의 1초)

**저음**

주기

세기(dB)

0                                                    10ms

**강음과 약음**

주기

세기(dB)

0                                                    10ms

**순음**

주기

세기(dB)

                                          시간

위의 두 그래프를 보면 고음과 저음 사이의 주파수 차이를 알 수 있는데
고음이 저음보다 주파수가 훨씬 많다.

소리나 날카로운 금속음처럼 들린다.

　소리는 순음과 복합음으로 구분된다. **순음**은 소리굽쇠\*에서 나는 음같이 하나의 주파수로만 진동하는 음이고, **복합음**은 기본 주파수인 순음에 **고조파**가 더해진 음이다. 예를 들어 악기의 현을 튕겼을 때 귀에 가장 크게 들리는 것이 순음이고, 순음보다 주파수가 정수 배(2배, 3배, 4배⋯⋯) 높은 다른 음들이 고조파이다. 앞에서도 말했듯이 이 고조파가 악기와 목소리의 음색을 특징짓는다.

　사람의 귀는 최저 20헤르츠에서 최고 20킬로헤르츠(2만 헤르츠)에 해당하는 주파수를 들을 수 있다. 20헤르츠보다 낮은 주파수를 **저음파**라 하고(두더지나 코끼리는 10헤르츠 이하의 소리도 감지할 수 있다.) 20킬로헤르츠보다 높은 주파수를 **초음파**라고 한다.(개는 40킬로헤르츠까지 듣고, 박쥐는 160킬로헤르츠까지 들을 수 있다.)

　사람의 귀가 들을 수 있는 소리의 세기는 0데시벨에서 120데시벨까지다. 40~50데시벨의 소음(아파트나 사무실에서 나는

● ● ●

**소리굽쇠** 일정한 진동수와 소리를 내는 기구. U자형 강철 막대에 공명 상자를 달아 만든다.

소리, 정상적인 대화 등)은 듣기 편안한 세기이고, 60~70데시벨의 소음(도로나 식당, 교실에서 나는 소리, 진공청소기 소리등)은 귀가 약간 피로를 느끼는 세기에 해당한다. 80~100데시벨의 소음(이어폰으로 듣는 음악, 개 짖는 소리, 교통량이 많은도로나 복잡한 구내식당, 디스코텍에서 나는 소리, 굴착기, 비상벨, 경주용 오토바이 소음 등)은 귀에 이상을 야기할 수 있고, 120데시벨 이상의 소음(비행기가 이륙할 때의 소리, 경주용 자동차 소리)은 귀에 고통을 주는 수위를 훨씬 웃돈다. 이렇게 지나치게 강한 세기의 소리를 듣고 난 후 청각 기관에 돌이킬 수 없는 손상이 생긴 경우를 **음향 외상성 난청**이라고 하는데, 이같은 난청은 현대 사회에 들어 특히 빈번하게 발생하고 있다.

## 어떤 소리를 소음이라고 할까?

소리로 인해 공기가 진동할 때, 그 진동은 순음이나 복합음처럼 주기적일 수도 있고 비주기적일 수도 있다. 공기의 파동이 주기적이지 않은 경우가 바로 소음이다. 소음의 주파수는 규칙성이 없으며 시간에 따라 달라진다. 사전에서 '듣기 불쾌한 소리'라고 정의하고 있는 소음은 심각한 청각 기능 손상의 원인이 되기도 한다. 1963년에는 소음과 관련해 첫 국제회의가 열려 소음의 폐해를 공식적으로 알리기도 했다.

소음 때문에 청각에 손상을 입게 되는 경우, 다음의 세 가지 요인에 의해 피해의 크기가 결정된다. 즉 소음의 물리적 성질이 어떠한지, 소음에 얼마나 많은 시간 노출되었는지, 또 개인적으로 소음에 강한지 약한지에 따라 청각이 손상되는 정도가 달라진다.

먼저 소음의 물리적 성질을 결정하는 요소에는 주파수(고주파수가 저주파수보다 더 해롭다.)와 소음의 세기(80데시벨 이상은 해롭다.), 리듬(불연속적인 리듬이 연속적인 리듬보다 더 해롭다.), 소리의 방향, 공명, • 반향, • 잔향 • 등이 있다.

다음으로 소음에 노출된 시간은 청력 손상의 정도에 직접적인 영향을 끼친다.

마지막으로 사람마다 갖고 있는 개인적인 요인도 빼놓을 수

● ● ●

**공명** 물체가 그 고유 진동수와 동일한 진동수를 가진 외부의 힘을 받았을 때 같이 진동하는 현상. 예를 들어, 진동수가 같은 두 개의 소리굽쇠를 접근시킨 뒤 한쪽을 때리면 다른 쪽 소리굽쇠도 진동한다.
**반향** 소리가 물체 면에 반사하여 다시 들려오는 현상.
**잔향** 소리가 울리다가 그친 뒤에도 계속 들리는 현상.

없다. 이전에 어떤 병에 걸려 달팽이관이 약해진 경우나 유전적인 이유로 소음에 특히 예민한 경우, 40세가 넘어 속귀가 약해져서 소음에 민감해진 경우(소음은 속귀 중에서도 고음을 듣는 역할을 하는 감각 세포를 특히 약하게 만드는데, 4000~6000 헤르츠의 주파수를 듣는 영역이 제일 먼저 해를 입는다.)에는 청력 손상의 정도가 일반 사람보다 더 심하다.

고음을 지각하는 능력이 떨어지는 **노인성 난청**의 경우, 세포 노화에도 원인이 있지만 사실은 소음이라는 원인도 무시할 수 없다. 따라서 소음으로부터 귀를 보호하면 정상적인 청각 기능을 더 오랫동안 유지할 수 있다.

소음은 꼭 청각 기능에만 영향을 미치는 것은 아니다. 소음에 장기간 노출된 사람들은 스트레스, 불안감, 우울증, 공격성 증가, 수면 장애, 피로, 근육 연축,* 자율 신경계* 및 순환계* 장

● ● ●

**근육 연축** 자극을 받은 근육이 흥분해서 수축했다가 이완하는 현상.
**자율 신경계** 의지와 관계없이 신체 내부의 기관이나 조직의 활동을 지배하는 신경계. 위장, 혈관, 방광, 자궁, 내분비샘, 땀샘, 침샘, 췌장 따위의 작용을 조절하는 신경계가 여기에 해당하며, 크게 교감 신경과 부교감 신경으로 나눌 수 있다.
**순환계** 몸 전체에 피를 순환시켜 골고루 영양을 공급하면서 노폐물을 수용하는 조직 계통. 척추동물의 순환계는 정맥, 동맥, 모세관의 혈관 계통과 림프관 계통, 심장으로 구성된다.

애 등을 겪게 된다.

직업 때문에 소음에 노출되어 직업성 난청이 생기는 경우도 있다. 프랑스의 경우에는 난청을 야기할 수 있는 직종 목록을 입법부에서 만들어 참고하도록 하고 있다. 또한 소음 공해로부터 시민들을 보호하기 위한 법안도 마련돼 있다.

소음은 소음을 부른다. 시끄러운 장소에 있는 사람은 상대 방에게 말할 때 자기도 모르게 목소리를 높이게 된다. 주위 소음이 10데시벨 높아지면 사람의 목소리도 3~4데시벨 높아진다는 사실을 기억하라.

## 어떤 소리를 음악이라고 할까?

음악은 사람의 말소리와는 달리, 주기적인 소리가 오랫동안 지속되고 소리가 퍼지는 중에 주파수가 변하지 않는다. 음악에 사용되는 음은 그러한 주파수를 바탕으로 한다. 리라,* 하프,

● ● ●

**리라** 고대 그리스의 작은 현악기로 하프와 비슷하며, U자나 V자 모양의 울림판에 일곱 또는 열 줄을 매고 손가락으로 뜯어 연주한다.

플루트, 피리 등과 같은 초기의 악기들은 크기가 작았고, 따라서 사용되는 주파수의 수도 한정되어 있었다. **옥타브**란 주파수가 두 배로 증가하는 데 필요한 음정을 말하는데, 음의 높이를 나타내는 단위로 일찍부터 사용되었으며 음을 나누는 작업도 한 옥타브의 음정 안에서 이루어졌다. 그리고 이렇게 나누어진 음을 높이순대로 배열한 것을 음계라고 부른다.

음계는 시대, 민족, 작곡가에 따라 여러 종류로 나뉜다. 이미 고대 그리스 시대에 음계의 기초 이론이 정립되었며 중세에는 교회 선법˚이 유행했고, 근대 유럽에 들어와 장음계와 단음계가 널리 알려졌다. 18세기 중반 이후로는 요한 세바스찬 바흐˚에 의해서 평균율˚에 따른 반음계가 알려졌고 서양 작곡가들 사이에 두루 사용되었다. 또한 현대에 와서는 쇤베르크˚의

● ● ● ●

**교회 선법** 중세 및 르네상스 시대에 서양 음악의 기초를 이룬 음계. 근대의 장 · 단음계가 성립하기 이전의 선법으로서 그레고리오 성가에 이론적 바탕을 둔다.
**요한 세바스찬 바흐**(1685~1750) 바로크 시대 독일의 작곡가로 「마태 수난곡」, 「브란덴부르크 협주곡」 등 수많은 종교 음악과 기악곡을 남겼다.
**평균율** 옥타브를 등분하여, 그 단위를 음정 구성의 기초로 삼는 음률 체계. 주로 12평균율을 가리키는데, 단위의 하나를 반음, 2개를 온음으로 한다. 건반 악기에서는 세계적으로 사용하고 있다.
**쇤베르크**(1874~1951) 오스트리아의 작곡가. 12음기법의 창안으로 20세기 음악에 가장 큰 영향을 끼쳤다. 베르크, 베베른 등 뛰어난 제자들을 육성하였으며 그들과 더불어 제2차 빈 악파로 불리기도 한다.

12음계, 드뷔시*의 온음계 등 작곡가 자신이 직접 고안해 낸 특수 음계가 등장했다. 그 밖에도 한국, 중국, 인도, 아랍, 스코틀랜드, 헝가리 등의 나라에서는 고유의 민족적 음계를 사용하기도 한다.

평균율에 따른 반음계는 반음씩 나눈 열두 개의 음으로 이루어져 있으며 대부분의 사람은 이 반음의 차이를 구분할 수 있다. 일반적으로 도(혹은 시 샤프), 도 샤프(혹은 시 플랫), 레, 레 샤프(혹은 미 플랫), 미(혹은 파 플랫), 파(혹은 미 샤프), 파 샤프(혹은 솔 플랫), 솔, 솔 샤프(혹은 라 플랫), 라, 라 샤프(혹은 시 플랫), 시(혹은 도 플랫)라는 계이름을 사용하는데, 서양 음악에서는 도, 레, 미, 파, 솔, 라, 시 각각을 C, D, E, F, G, A, B로 표기하기도 한다.

현대의 음악가들은 많게는 열 개의 옥타브까지 사용하는데, 이렇게 넓은 범위의 음을 쓰면 극도로 낮은 음부터 아주 높은 음까지 거의 모든 음을 소화할 수 있다. 각 음계의 음들은 기본음에서부터 순서대로 반복되는 이름, 즉 계이름을 가지며 어떤

●　●　●

드뷔시(1862~1918) 프랑스의 작곡가. 바그너와 상징파 시인의 영향으로 몽환적인 인상파 음악을 창시했다. 남긴 작품으로는 오페라 「펠레아스와 멜리장드」, 관현악곡 「목신의 오후에의 전주곡」 등이 있다.

음을 정확하게 표현하고 싶을 때는 그 음이 속한 음계의 번호를 숫자로 표시한다. 예를 들어 가장 낮은 음은 $C^1$(도)으로서 16헤르츠에 해당하며 가장 높은 음은 $C^9$(도)으로서 1만 6700헤르츠에 해당된다. 이 두 음은 파이프 오르간에서만 들을 수 있다.

이 중에서도 $A^3$(라)는 기준 음으로서 모든 음계가 정확하게 소리 날 수 있도록 돕는 역할을 한다. $A^3$의 주파수는 440헤르츠인데, 악기를 조율할 때 소리굽쇠에서 나는 음이나 전화 발신음이 여기에 해당한다.

이처럼 **상대 음감**에 의존하는 일반적인 경우에는 음의 높이를 판별하기 위해 기준 음이 필요하지만, **절대 음감**을 가진 사람은 기준 음 없이도 음의 높이를 판별할 수 있다. 이러한 절대 음감은 일부 음악가나 가수들에게서 볼 수 있으며 유전이 되기도 한다. 최근의 연구에 따르면, 절대 음감을 가진 사람들은 뇌의 특정 영역이 남들에 비해 특별히 발달했다고 한다.

뇌를 음악적인 차원에서 분석하려면 좌뇌와 우뇌가 기능적으로 분화되어 있다는 사실부터 알아야 한다. 일반적으로 오른손잡이의 경우 좌뇌는 언어적, 분석적, 이성적 기능을 맡고, 우뇌는 형태적, 직관적, 종합적 기능을 맡는다. 그래서 가사가 포함된 노래를 들을 때 좌뇌는 주로 가사를 듣고, 우뇌는 멜로디를 듣는다.

이것은 귀도 마찬가지다. 좌뇌와 관련된 오른쪽 귀는 숫자나 단어를 잘 알아듣는 반면 우뇌와 관련된 왼쪽 귀는 멜로디나 음악을 더 잘 분별한다. 한 가지 놀라운 사실은, 음악가의경우 음악을 언어와 같은 개념으로 받아들이기 때문에 말을 듣는 것처럼 음악도 오른쪽 귀로 먼저 듣는다는 것이다. 하지만오른손잡이와 달리 왼손잡이는 좌뇌와 우뇌의 기능이 뚜렷이구분되지 않는다.

숙련된 음악가는 1초에 열여섯 개의 음을 구분할 수 있다.대부분의 사람들이 구분할 수 있는 연속음의 간격이 0.2초라면, 음악가들은 거의 0.06~0.07초 간격의 음을 구분할 수 있다는 얘기다.

사람의 목소리는 기본 주파수에 고조파가 더해진 소리이다.기본 주파수는 초당 진동수에 의해 결정되는데, 대개 남성의목소리는 기본 주파수가 약 110헤르츠이며 여성은 약 200헤르츠이다.

**음역**이란 목소리가 소화할 수 있는 최저음부터 최고음까지의 모든 음계를 말한다. 그에 비해 **테시투라**는 실제 음악적 성질을 지닌 음역, 즉 성악가가 자연스럽게 낼 수 있는 음역을 말한다. 낮은 음역부터 순서대로 말하면 베이스(G~$c^1$(성역이 특

숙련된 음악가는 1초 동안 일반인에 비해 서너 배 많은 음을 구분할 수 있다.

별히 발달한 경우에는 E~$f^1$)), 바리톤(B~$e^1$(A~$a^1$)), 테너(D~$g^1$(C~$d^2$)), 알토(A~$c^1$(F~$g^2$)), 메조소프라노(B~$e^2$(A~$c^3$)), 소프라노($d^1$~$a^2$($c^1$~$e^3$)) 순이다.

가수나 배우의 목소리에서는 '성악 음형대' 현상이 나타나기도 한다. 소리의 에너지가 집중되어 있는 부분을 음형대라고 하는데, 노래를 할 때 목소리의 주파수가 2400~3200헤르츠에 이르면 강한 에너지를 발산하는 특징적인 음색이 나타난다. 이를 성악 음형대라고 하며, 여기에 도달하면 크기와 상관없이 목소리가 힘이 가득 넘치는 것처럼 들린다. 우리가 오페라를 들을 때 오케스트라의 배경 음악이 매우 강렬하고 우렁참에도 성악가의 노래를 들을 수 있는 것은 그 때문이다.

## 어떤 소리를 말이라고 할까?

노랫소리와 말소리는 후두*에 있는 성대의 진동으로 만들어진다. 성대의 크기와 모양이 소리의 높이와 세기를 결정하며,

● ● ●

**후두** 인두에 이어져 기관(氣管)을 잇는 호흡기의 한 부분으로 공기가 통하여 소리를 낼 수 있다.

소리가 공명 기관을 통과하면 고조파가 더해져 음색이 결정된다. 모음의 경우에는 언제나 이런 과정을 거쳐 소리가 나는 반면 몇몇 자음은 후두의 진동 장치를 거치지 않고도 소리가 난다.

**모음**은 성대의 주기적인 진동에 의해 만들어지는 소리로 자음보다 더 강하고 더 오랫동안 발음된다. **자음**은 비주기적인 성격을 띠는 소리로 그런 점에서는 앞에서 말한 소음과도 비슷하다. 자음을 발음할 때는 성대의 진동이 있는 경우도 있고 없는 경우도 있으며, 성대 진동이 있을 때도 모음처럼 주기적이지는 않다. 자음은 입천장 뒤쪽의 부드러운 부분인 연구개˙와 혀, 입술에 의해 조음되는데, 이 조음 기관들이 닫힌 채로 소리 나면 파열음(ㅂ, ㅃ, ㅍ, ㄷ, ㄸ, ㄱ, ㄲ, ㅋ)이 되고 살짝 열린 채로 소리 나면 마찰음(ㅅ, ㅆ, ㅎ)이 된다. 그리고 'ㄴ', 'ㅁ', 'ㅇ'과 같은 몇몇 자음들은 소리가 코를 통해 빠져 나간다고 해서 비음이라고 한다.

메시지가 올바르게 전달되려면 무엇보다 발음이 정확해야 한다. 의사소통 장애는 대개의 경우 양측 모두에게 원인이 있지만 말을 듣는 쪽보다 하는 쪽 때문에 생겨날 때가 많다.

우리의 귀는 말을 소리의 흐름으로 처리한다. 정보를 분석할 때는 조각조각 나누며, 이해할 때는 전체적으로 종합한다. 또한 인지적 예측을 통해 다음 순간에 들릴 **음소**˙를 예상하고 그 음소가 놓일 위치를 파악함으로써 문장 전체를 이해한다.

밖으로 뱉은 말에는 **운율**이라는 것이 생기는데, 이것은 여러 요소의 영향을 받는다. 먼저 목소리의 기본 주파수가 변하면 말에 억양이 생기며, 목소리 세기를 조절하면 강조하는 느낌과 악센트를 줄 수 있다.(일반적인 대화를 나눌 때 음성의 세기는 약 60데시벨이다.) 또한 어조에 변화를 주면 말의 속도를 조절할 수 있고 문장을 일정한 단위로 끊을 수도 있다. 이를 분절법이라고 하는데, 말의 이해를 돕고 호흡을 조절하는 데 필요하다.

문어(文語)와 비교하면 억양은 긍정문과 부정문 및 의문문에 해당하고, 악센트는 대문자나 밑줄 표시, 어조는 마침표나 쉼표와 같은 구두점에 해당한다고 할 수 있다. 이와 같은 운율이 있기에 우리의 목소리는 언어적인 기능뿐 아니라 표현적인 기능도 할 수 있게 된다. 즉 감정을 표현할 수도 있고, 사람에 따라 개성적인 목소리를 낼 수도 있는 것이다.

언어 중에는 특별히 성조를 가지는 경우도 있다. 중국어가 여기에 해당하는데, 이 경우에는 음의 높낮이에 따라 의미가 달라진다.

• • • •

**음소** 더 이상 작게 나눌 수 없는 음운의 최소 단위.

# 2

소리는 어떻게
## **귀**에서 **뇌**로 전해질까?

## 귀는 왜 두 개일까?

귀는 진동이라는 물리적, 역학적 에너지를 전기 에너지로 바꾼다. 이때 메시지를 해독하고 해석하는 데는 50분의 1초라는 아주 짧은 시간밖에 걸리지 않는다.

우리의 귀가 어떤 과정을 거쳐 소리를 해석하는지 알아보기에 앞서, 먼저 분명한 한 가지 사실에 대해 생각해 보자. 사람의 귀는 왜 두 개일까? 여기에는 숨겨진 비밀이 있다.

사람은 두 개의 귀로 듣는다고 해서 **양이청**이라고 한다. 우리가 소리의 정확한 위치를 파악할 수 있는 것은 바로 그 덕분이다. 소리가 고막에 도착하는 데 걸리는 시간은 양쪽 귀에 따라 미세한 차이가 있다. 13마이크로초(1마이크로초는 100만 분의 1초)밖에 되지 않는 이 시간 차이를 통해 소리가 어디에서

오는지를 알아내는 것이다. 또한 두 개의 귀로 들으면 최소한 3데시벨은 더 크게 들리며, 소음 속에서도 상대방의 말을 더 잘 알아들을 수 있다.


## 귀는 어떻게 생겼을까?

### 외이의 구조

소리는 외이(바깥귀), 중이(가운데귀), 내이(속귀)를 차례차례 지나 청신경에 다다른다. 외이는 귓바퀴와 외이도(바깥귀길)로 이루어져 있다. 외이는 두 가지 역할을 하는데, 한편으로는 소리의 위치를 파악하고 다른 한편으로는 안테나처럼 소리를 포착하고 증폭시킨다. 귓바퀴는 특히 5000~6000헤르츠 부근의 주파수를 증폭시켜 소리를 10데시벨 정도 더 키운다. 외이도는 2000~5000헤르츠 사이의 주파수를 포착하며, 2000~3000헤르츠 주파수의 경우 최대 20데시벨을 증폭시킨다.

외이도 입구에 있는 **귀지**는 외이도의 pH[*]를 산성으로 만들어 주는 일종의 보호막 역할을 한다. 귀이개나 세척제 같은 것을 과도하게 사용할 경우 부작용이 생길 수 있으므로, 외이도를 소제하는 데는 새끼손가락만으로 충분하다.(라틴어에서 귀

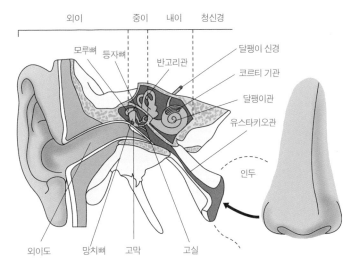

외이　　　중이　내이　청신경

모루뼈　등자뼈　　반고리관

달팽이 신경

코르티 기관

달팽이관

유스타키오관

인두

외이도　망치뼈　고막　　고실

**귀의 구조**

를 의미하는 '아우리큘라리스' 라는 단어는 새끼손가락을 가리킨다.) 외이도의 pH는 샴푸나 수영장 물과 같은 외부 요인에 의해 산성에서 염기성으로 바뀔 수 있으며, pH가 일정하게 유지되지 못할 때 **외이염**에 걸리게 된다.

● ● ●

**pH** 수소 이온 지수로서, 용액의 산성 정도를 표시해 준다. 순수한 물의 pH는 7이고, pH가 7보다 작으면 산성, 7보다 크면 염기성이라고 한다

## 중이의 구조

중이는 고막에 의해서 외이도와 구분되며, 소리의 진동을 내이로 전달하는 역할을 한다. 공기 중에 퍼진 소리는 고막과 **청소골**˙을 진동시키고 달걀 모양의 난원창˙을 지나 내이에 있는 **외림프**˙까지 다다른다.

고막과 난원창의 면적 비는 20대 1에 이르는데, 이러한 구조 덕분에 음압˙을 최대한 효과적으로 확대시킬 수 있다. 고막에서부터 난원창을 통과하는 동안, 소리는 평균 30데시벨가량 증폭된다.

중이는 또한 내이를 보호하는 역할도 한다. 소리가 80데시벨이 넘어서면 망치뼈와 등자뼈 근육이 반사적으로 수축하는데, **등골근**(등자근) **반사**라는 이 운동을 통해 고막부터 청소골까지의 기관들이 경직되면서 내이에 전달되는 음의 강도를 떨어뜨린다.

● ● ●

**청소골** 중이에 있는 망치뼈, 모루뼈, 등자뼈를 지칭한다.
**난원창** 중이와 내이 사이에 있는 달걀 모양의 구멍. 이 구멍에 등자뼈의 바닥 부분이 꽂혀 있어, 고막에서 받아들인 소리의 진동을 내이에 전달한다.
**외림프** 내이의 막미로와 뼈 사이에 차 있는 액체.
**음압** 소리가 매질 속에 있을 때 매질 압력의 변화량으로, 보통 시간이 지남에 따라 크기가 변한다.

중이는 유스타키오관을 통해 인두와 연결된다. 유스타키오관은 평소에는 닫혀 있다가 무의식적으로 침을 삼킬 때나 하품을 할 때 열리며, 이를 통해 고실°에 있던 공기를 바꾸어 고막 바깥쪽의 대기압과 귀 내부의 압력이 같아지도록 만든다. 중이염은 대개 유스타키오관의 기능에 이상이 있을 때 생긴다.

### 내이의 구조

내이 혹은 달팽이관은, 뼈로 된 달팽이 껍데기 모양의 공간과 그 안에 들어 있는 막미로로 이루어져 있다. 막미로는 외림프에 떠 있으며, 막미로 안에는 내림프가 들어 있다. 고막을 통과한 진동은 난원창을 거쳐 외림프에 전해지면서 기저막°을 자극하고, 기저막은 다시 코르티 기관의 감각 세포를 자극한다.

코르티 기관에는 **내유모 세포**(속털 세포)가 한 줄로 늘어서 있는데, 이것이 바로 실질적인 청각 세포라고 할 수 있다. 내유모 세포가 청신경(혹은 달팽이 신경) 섬유의 말단과 접촉하면서

● ● ●

**고실** 고막 안쪽에 있는 중이의 한 부분. 외이로 받은 소리의 진동을 내이로 전하는 역할을 한다.
**기저막** 내이의 고실계단과 달팽이 세관 사이에 있는 막으로, 외림프에 의한 음파의 진동을 코르티 기관에 전달한다.

역학적 자극을 뇌의 청각 중추가 해석할 수 있는 신경 메시지로 변환하는 일을 하기 때문이다.(외유모 세포에는 신경 섬유의 10퍼센트만이 분포되어 있다.)

한편 **외유모 세포**(바깥털 세포)는 세 줄로 배열되어 있고 수축성을 가진다. 외유모 세포가 수축했다가 팽창하는 운동을 하면 표면에 있는 짧은 섬모인 부동 섬모가 움직이면서 진동이 증폭된다. 덕분에 내유모 세포는 최적의 환경에서 주파수를 감지하고 판별할 수 있게 된다. 이 과정에서 미세한 소리가 발생하는데, 정밀한 기기를 이용하면 그 소리를 측정하고 기록까지 할 수 있다. 그렇게 해서 개발된 것이 이음향 방사 검사이다. 이 기술을 이용하면 신생아나 아주 어린 유아의 청각 장애까지도 간단히 알아낼 수 있다.

이렇게 외유모 세포는 주파수를 감지하고 증폭하는 일을 하며(귀에 들리는 소리를 40~50데시벨 가량 증폭한다.) 내유모 세포는 듣는 기능을 한다. 특이한 점은 외유모 세포는 모두 1만 2500개에 달하는데, 내유모 세포는 그 3분의 1 정도인 3500개밖에 안 된다는 사실이다. 재생될 수 없는 세포라는 점을 감안하면 터무니없이 적은 수인 셈이다. 망막은 1억 2500만 개의 원추 세포*와 간상 세포*를 가지고 있는데 말이다.

내유모 세포에서는 세포 내부의 체제를 통해 역학적 에너지를 전기 에너지로 바꾼다. 그리고 이렇게 만들어진 정보는 신경 전달 물질에 의해 신경 중추로 전달되고, 신경계에서는 또 다른 신경 전달 물질을 보내어 외유모 세포에게 수축하라는 명령을 내린다.

## 우리는 어떤 과정을 통해 소리를 듣고 해석할까?

청각은 태아가 20주 되었을 때부터 발달하기 시작한다. 아기가 태어날 때쯤이면 달팽이관은 발달이 끝난 상태이지만, 뇌간˚에서부터 대뇌 피질에 이르는 청각 경로와 청각 중추는 아직 완전하지 않아 네 살 내지 여덟 살 정도가 될 때까지 점차적으로 계속 발달한다.

따라서 아기가 태어난 후 처음 몇 해 동안은 청각 중추가 발달하도록 자극을 해 주는 것이 중요하다. 외국어나 악기 연주

● ● ●

**원추 세포** 빛을 받아들이고 색을 구별하는 척추동물의 시세포.
**간상 세포** 눈의 망막에 있는 막대 모양의 세포. 명암을 느끼는 기능을 한다.
**뇌간** 대뇌 반구와 소뇌를 뺀 뇌의 나머지 부분. 지각, 의식, 운동, 생명 유지 등에 중요한 부분으로 연수, 뇌교, 중뇌, 간뇌가 여기에 속한다.

를 가르쳐 주는 것도 좋은 방법이다.

아이의 청각에 문제가 있을 때는 가능한 한 빨리 보청기를 착용하도록 해야 한다. 청각 중추가 정상적으로 발달하려면 달팽이관이 제대로 기능해야 하기 때문이다. 장액성 중이염°의 경우, 아이들 두 명 중 한 명꼴로 앓을 정도로 흔한 질병이고 그냥 두면 자연스럽게 낫기도 하지만, 되도록 빨리 치료를 해 주는 것이 좋다.

## 소리가 전달되는 1차 경로

청신경은 약 3만 5000개의 뉴런으로 이루어져 있으며, 뼈로 된 작은 터널인 내이도(속귀길)를 통과해서 뇌간의 달팽이핵으로 들어간다. 청신경은 수용체에 닿은 신경 충격을 청각 피질 영역으로 전달하는 **구심성 경로**°의 시작점이 된다.

구심성 경로에는 들어온 정보를 해독하고 해석하는 특수한 중계 지점들이 있다. 먼저 달팽이핵은 소리의 주파수와 세기를

● ● ●

**장액성 중이염**  아이들이 학교에 들어가기 전후에 많이 앓게 되는 중이염. 발열이나 통증의 증상 없이 고막 안에 물만 차는 경우로, 유스타키오관이 막혀서 고막의 진동은 물론 청소골의 증폭에도 지장이 생겨 소아 난청의 가장 흔한 원인이 된다. 서서히 진행되는 경우가 많아 조기에 병원을 찾는 경우가 드물다.

아이에게 악기 연주를 가르쳐 주면 청각 중추 발달에
좋은 영향을 미친다.

코드화한다. 상부 올리브 복합체는 양쪽 달팽이관으로부터 온 정보를 받고, 음원의 위치를 파악하는 일을 한다. 그리고 외측 섬유띠 신경핵은 양쪽 귀의 청각에 관여한다.

**원심성 경로**˚는 외유모 세포의 반응 감각을 관리한다. 외유모 세포에 피드백을 주어 달팽이관으로 메시지를 보내기도 한다.

### 소리가 전달되는 부차 경로

청각 기능만을 전담하는 1차 경로와 중추가 있긴 하지만, 그 외에도 '부차 경로' 라는 것이 존재하여 청각 기능을 돕는다.

작은 신경 섬유들은 모든 청각 경로가 공통적으로 지나는 첫 번째 중계 지점인 달팽이핵을 지난 뒤, 다른 모든 감각 정보가 공통적으로 지나는 망상체 상행로와 만난다. 그리고 망상체˚와 시상˚을 지나 다중 감각 피질에 이르게 된다. 이 부차 경로

● ● ●

**구심성 경로**  우리가 감각을 느끼는 것은 밖에서 주어진 자극이 감각 신경을 거쳐 대뇌로 전달되기 때문이다. 감각 신경은 그처럼 밖에서 안으로 전달된다고 해서 구심성 신경이라고 하며, 구심성 신경에 의한 감각 전달 과정을 구심성 경로라고 한다.

**원심성 경로**  중추 신경에서 근육 등의 말초 기관으로 신경 충격을 전달하는 신경을 원심성 신경이라 하고, 그 과정을 원심성 경로라고 한다.

**망상체**  척수에서 받은 각성 및 집중력과 관련된 정보를 조절해 대뇌 피질로 보내는 그물처럼 생긴 신경망.

는 우선적으로 처리할 정보가 무엇인지 선별하는 역할을 하며, 각성 중추와 자율 신경 중추에 다시 연결된다. 예를 들어 음악을 틀어 놓고 책을 읽을 때처럼 동시에 여러 일을 할 경우, 가장 재미있거나 가장 중요한 일을 선별하여 주의를 집중할 수 있도록 해 준다.

1차 경로와 부차 경로가 통합해서 잘 작동해야 우리는 의식적으로 소리를 지각할 수 있다. 가령 잠을 자는 동안에는 망상체와 각성 중추, 즉 부차 경로가 제대로 연결이 되지 않는다. 그 결과 1차 경로는 정상적으로 작동하는데도 외부의 소리를 의식적으로 지각할 수 없게 되는 것이다. 피질에 손상이 생겨 뇌사 상태에 놓인 경우에도, 소리에 대해서 자율 신경이 반사적으로 반응은 하지만 이를 지각하지는 못한다.

청각을 비롯한 우리 몸의 감각이 손상됐을 때는 뇌 가소성이라는 것이 나타날 수 있다. 어떤 기능을 담당하는 뇌의 세포에 이상이 생겼을 때 다른 세포가 그 기능을 대신하는 것인데, 어린아이들에게서 주로 나타나지만 어른들에게서도 가끔 볼

● ● ●

**시상** 감각, 충동, 흥분이 대뇌 피질로 전도될 때 중계 역할을 하는 달걀 모양의 회백색 덩어리. 간뇌의 뒤쪽 부분을 차지하고 있으며, 본능과 감정의 중추 역할을 한다.

수 있다. 단 꾸준한 훈련으로 손상된 기능을 회복했을 때에만 가능한 이야기다.

청각 중추의 훈련은 달팽이관에서 보내는 메시지가 청각 중추에 정상적으로 도달할 때만 효과를 거둘 수 있으므로, 이상이 있으면 가능한 한 일찍 보청기를 착용하고, 성인의 경우 독화˚와 기억력 훈련, 집중력 키우기 등 청각 재활 교육을 받는 것이 좋다.

손상된 감각을 회복시킨다는 것은 물론 쉽지 않은 일이다. 하지만 최근에는 인공 달팽이관˚ 이식 수술로 놀라운 효과를 보는 사례가 늘어났고, 노인성 난청의 새로운 치료법도 꾸준히 개발되고 있다. 노인들의 피질 뉴런이 더 이상 고음을 처리하지 못하는 문제에 대해서도 새로운 해결책이 마련되었다. 뉴런이 더 낮은 주파수를 처리하도록 하여 그 지각력을 키워 주는 방법을 쓰는 것이다.

이제 다음 장에서는 청각 장애란 무엇인지, 또 그 치료 방안에는 어떤 것들이 있는지에 대해서 좀 더 자세히 살펴보자.

● ● ●

**독화** 말하는 사람의 입술 움직임을 보고 그 내용을 이해하는 방법으로 쉽게 '입술 읽기'라고도 한다.
**인공 달팽이관** 고도 난청인 사람에게 청각을 제공하는 전자 장치로 청각 신경에 전기적 자극을 주어 손상된 감각모의 기능을 대행한다.

# 3

# 청각 장애란
## 무엇이며 어떻게 고칠까?

## 청각 장애를 겪는 사람은 얼마나 될까?

책의 첫머리에서 설명했듯 청각 장애는 가장 흔한 장애이다. 프랑스의 경우 난청 인구는 400만에 육박하는데, 그중 60퍼센트가 노인이고 10만 명가량은 난청이 몹시 심해 완전히 듣지 못한다. 그런데 전체 난청 인구 가운데 보청기를 착용하는 사람은 60만 명에 지나지 않는다. 시력이 안 좋아 안경을 쓰는 것은 아무도 장애로 여기지 않는 것에 반해, 청각에 이상이 있어 보청기를 착용하면 이상한 시선을 받게 되기 때문이다.

이것은 비단 한 나라만의 문제가 아니다. 서유럽의 인구 4억 900만 가운데 난청인은 5600만에 달하고, 그중 600만은 고도 난청이거나 완전히 듣지 못한다. 캐나다와 미국의 경우는 2억 9400만 인구 중에 450만이 고도 난청이나 완전한 청력 상실을 겪고 있으며, 가벼운 난청도 1000만 이상 되는 것으로 예상된다. 세계 보건에 있어 매우 중요한 문제로 떠오른 청각 장애는, 사람들이 흔히 생각하듯 단지 나이가 들어 생기는 질병만은 아니다.


## 청각 장애 검사에는 어떤 것이 있을까?

청력이 손상되었는지 진단할 수 있는 검사에는 여러 가지가 있다. 지난 20년 동안 말초 및 중추 청각 시스템에 대한 생리학적 지식이 크게 발전했고, 음향학, 전기 생리학,* 컴퓨터 과학 분야의 기술 또한 진보하여 청각 기능 검사에 큰 뒷받침이 되었다. 일반적인 청력 검사에는 청력계를 사용하며, 외부 소리에 방해를 받아서는 안 되기 때문에 철저한 방음을 필요로 한다.

순음 청력 검사는 125~8000헤르츠까지 다양한 주파수의 소리에 대한 가청 한계*를 테스트하는 것이다. 이 검사에서는 기

• • •

**전기 생리학** 생체에서 일어난 전기 발생의 현상이나 생체에 대한 전기의 작용을 연구하는 학문. 생리학의 한 분야이다.

도 청력 검사(외이와 중이를 지나 내이에 도달하는 소리를 측정한다.)와 골도 청력 검사(골전도*를 통해 직접 내이에 도달하는 소리를 측정한다.) 두 가지를 실시한다.

고주파수 청력 검사는 8~16킬로헤르츠까지, 고주파수에 대한 가청 한계를 테스트한다. 어음 청력 검사라는 것도 있는데, 단음절이나 이음절로 된 단어를 세기를 바꾸어 들려주며 얼마나 많이 알아듣는지 평가하는 것이다. 이 검사는 조용한 곳에서 하기도 하지만, 일상과 최대한 비슷한 환경에서 검사하기 위해 적당한 소음을 사용하기도 한다.

고막 운동성 검사라고도 하는 임피던스 청력 검사는 소리에 대한 중이의 저항을 측정하는 것으로, 등자뼈 근육 수축을 기록하는 등골근 반사 검사와 병행한다. 또한 뇌간 청각 유발 전위 검사에서는 머리에 붙인 전극을 통해, 귀에서부터 피질까지

● ● ●

**가청 한계** 사람의 귀로 들을 수 있는 소리의 한계. 보통 초당 16~2만 헤르츠 사이이다.

**골전도** 골전도란 음파가 두개골에 전도되어 직접 내이에 전달되는 현상을 말한다. 우리가 듣는 자신의 목소리는 소리가 공기 속에 전파되어 기도를 통해 자기 귀로 들어오는 것과 두개골을 진동시켜 골도를 통해 내이에 전달된 것이 혼합된 소리다. 자기 목소리가 녹음된 것을 들었을 때 스스로 느낀 목소리와 약간 다르게 들리는 것은 바로 그 때문이다.

음향 메시지가 진행되는 과정을 추적한다.

마지막으로 앞에서 말했던 이음향 방사 검사가 있다. 외유모 세포에서 발생하는 소리를 측정하는 이 검사는 두 가지 종류로 나눌 수 있다. 외부에서 소리 자극을 주지 않고 외유모 세포의 자체적인 활동에 의해 발생하는 음을 기록하는 자발 이음향 방사 검사와, 소리 자극을 준 다음에 발생하는 음을 기록하는 유발 이음향 방사 검사가 있다.

앞에서 예로 든 검사 가운데 등골근 반사 검사를 병행한 고막 운동성 검사, 이음향 방사 검사, 뇌간 청각 유발 전위 검사만이 객관적인 테스트에 해당된다.


## 어린아이의 청력은 어떻게 검사할까?

소아 청력 검사는 청각 검사 중에서도 가장 복잡하고 까다로워서, 검사자는 풍부한 경험이 있어야 한다. 소아 청력 검사에서는 이음향 방사 검사와 청각 유발 전위 검사가 큰 도움이 된다. 실제로 유아에게 난청이 있는지 확실하게 진단하기란 몹시 어려우며, 진단을 잘못할 경우에는 아이의 의사소통 능력에 중대한 영향을 미치기도 한다.(태어날 때부터 듣지 못할 경우 적당한 때에 재활 교육을 받지 않으면 말도 하지 못하게 되어, 수화와 독화를 배워야 한다.) 보통 아이의 나이에 따라 어떤 검사를 할지 선택하며 대뇌의 발달 정도 또한 고려해야 한다.

신생아를 대상으로 하는 청력 검사의 목적은, 선천성 난청이나 조기 난청을 찾아내어 최대한 빨리 재활 교육을 시작할 수 있도록 하는 것이다. 일반적으로 신생아 1000명 중에 1명꼴로 난청을 가지고 있는데, 조산아나 저체중아 등 '위험군'에 속하는 신생아의 경우에는 그 비율이 훨씬 더 커서 1퍼센트 정도가 난청 증세를 보인다.

신생아의 청각을 검사할 때는 소리 자극을 준 뒤 눈꺼풀 반사와 심장 박동 및 호흡의 속도 변화, 운동성 증가 등의 반응을 확인한다. 청각에 아무런 문제가 없는 아기들도 소리의 세기가 50~60데시벨을 넘어가야 정상적인 반응을 보인다.

아이의 청력에 문제가 없는지 확인하려면, 나이에 따라 소리에 대한 반응이 어떻게 발달하는지를 알고 있어야 한다. 아기는 생후 4개월부터 소리가 나는 쪽으로 고개를 돌리고, 7~8개월부터는 소리의 위치까지 정확하게 파악한다. 13~14개월이 된 아기에게 소리가 나는 곳을 맞혔을 때 상을 주는 테스트를 하면, 소리가 어디에서 날지 미리 알아내려고 한다. 또한 두 살부터는 소리를 들어도 일부러 반응하지 않는 것이 가능해진다.

또한 두 살 반에서 세 살 정도가 되면 청력 검사에 능동적으로 참여하게 되고, 다섯 살이 넘어가면 성인을 대상으로 하는 청력 검사와 거의 비슷한 검사를 받을 수 있다.

아이의 청력을 잘못 진단하지 않으려면 객관적인 검사 기관을 이용하는 것이 좋다. 하지만 등골근 반사 검사의 경우 객관적인 검사를 할 수는 있으나, 강한 세기의 자극이 필요하고 그 결과도 2~4킬로헤르츠까지의 주파수에 대해서만 신뢰할 수 있다. 확실한 진단을 위해서는 뇌간 청각 유발 전위 검사를 하는 것이 좋으나, 전신 마취를 해야 한다는 문제가 있다. 현재로서는 유발 이음향 방사 검사가 부작용도 가장 덜하고 결과도 가장 신뢰할 수 있는 검사이다.


## 청각 장애에는 어떤 것이 있을까?

**전음성 난청**은 소리가 전달되는 기도에 손상이 있거나 방해 요소가 생긴 것을 말한다. 과도한 귀지나 협착증, 선천성 기형, 피부 질환 등 외이도에 문제가 생겼을 수도 있고, 고막과 청소골을 잇는 시스템 문제일 수도 있다. 가령 고막 천공 또는 고막 수축이나 경직, 유스타키오관 기능 장애로 인한 장액성 중이염을 의심할 수 있으며, 이경화증이라는 청소골 장애를 생각해 볼 수도 있다. 이 증상은 등자뼈가 난원창에 비정상적으로 붙은 것으로, 열세 명 중에 한 명꼴로 나타나는 유전 질환이다.

전음성 난청의 경우에는 외과적 방법으로 치료하는 것이 가장 효과적이다. 외이도, 고막, 청소골을 치료하거나, 장액성 중이염의 경우에는 고막을 통해 환기관을 삽입하기도 한다. 귀걸이형, 안경형, 삽입형 등 다양한 종류의 보청기를 착용할 수도 있지만, 귀에 구조적인 손상을 입어 보청기를 사용하기 힘든 경우도 간혹 있다. 그럴 때는 골전도 진동기를 유양돌기<sup>•</sup>에 부착하거나 중이 안에 외과적으로 시술해서, 진동을 내이에 직접 전달하기도 한다.

**감음성 난청**은 내이에 손상이 생겼다고 해서 내이성 난청이라고도 한다. 감음성 난청은 다양한 원인에 따라 다음과 같이 구분할 수 있다. 먼저 감각성 난청이라는 것이 있는데 노인성 난청, 이독성 난청(말라리아 특효약인 키니네, 아스피린, 몇몇 항생제 등의 독성 부작용이 원인이다.), 음향 외상성 난청, 바이러스성 난청 등이 여기에 포함된다. 이 중에서 특히 바이러스성

● ● ●

**유양돌기** 귓바퀴 뒤에 위치한 뼈의 돌기.

난청은 귀에 합병증을 일으킬 수 있으므로, 사전에 백신 접종을 맞아 예방해야 한다.

그 외에도 특정 이뇨제 중독으로 인한 신진대사성 난청이 있고, 난청과 현기증이 함께 나타나는 메니에르 증후군과 같은 압력성 난청도 있다. 유전선 난청은 전체 난청의 약 50퍼센트를 차지하는 가장 빈번한 유형이다. 이러한 여러 종류의 감음성 난청은 보청기를 착용하여 해결해야 한다.

그 밖의 난청 유형으로는 신경성 난청과 중추성 난청을 들 수 있다. 신경성 난청은 달팽이관 이후 부위에 장애가 발생했다고 해서 후미로성 난청이라고 부르기도 한다. 청신경에 양성 종양이 생기는 청신경 초종이 대표적인 예로, 대부분은 수술로 해결할 수 있다. 중추성 난청은 뇌의 인지 영역에 손상이 생기는 것인데, 신경학적인 문제와 연결되어 있어서 보청기 착용으로는 해결하기가 어렵다. 현재 인공 뇌간을 이식하는 방법이 연구 중에 있다.

많은 사람들이 궁금해하는 귀의 또 다른 문제 중에, 이명이라고도 하는 **귀울림** 증상이 있다. 실제로 전체 인구의 약 8퍼센트가 귀울림을 경험하며 이 때문에 이비인후과를 자주 찾곤 한다. 귀울림이란 외부의 소리 자극이 없는데도 소리 감각을 느끼는 증상으로, 한쪽 귀에서만 들릴 수도 있고 양쪽 귀에서 모두 들릴 수도 있다. 거의 감지되지 않을 정도의 소리에서부터 참을 수 없을 정도의 큰 소리까지 소리의 크기도 다양하며, 증세가 나타났다 사라지는 경우도 있고 계속해서 들리는 경우도 있다. 휘파람 소리, 매미 울음소리, 물 떨어지는 소리, 바람 빠지는 소리, 모터 돌아가는 소리, 스피커에서 삑 하고 나는 소리, 압력솥 소리, 맥박 뛰는 소리 등 사람에 따라 들리는 소리도 각양각색이다.

문제의 원인이 어디에서 시작되었든 간에(중이, 내이, 청신경, 청각 경로, 피질 하부 등) 그 소리를 지각하고 그 주파수와 세기를 결정하는 것은 대뇌 피질이다. 귀울림이 지속되면 감정 중추와 교감 신경계에 영향을 미쳐 불안감과 우울증까지 생길 수 있다. 이러한 귀울림의 고통은 환상지 *에 비교될 정도로 심각하다. 귀울림을 치료할 때는 소리를 습관화시킴으로써 견디기 쉽도록 만드는 방법을 쓰며, 약물 치료와 행동 요법에 따른 심리학적 치료, 귀울림 차단법, 레이저 치료, 전기 자극 치료 등도 쓰인다.

● ● ●

**환상지** 전쟁이나 사고에서 손발을 잃게 된 경우, 이제는 없는 신체 부위인데도 그곳에 통증이 있는 것처럼 느끼는 현상을 말한다

이렇게 다양한 청각 장애를 치료하기 위해 여러 가지 재활 교육이 실시되고 있다. 재활 교육은 단독으로 하기도 하고 보청기 착용을 함께하기도 한다. 아이들의 경우에는 소리에 더 잘 적응할 수 있도록 발음 교정을 하는가 하면, 입술을 읽어 말을 이해하도록 하는 독화 훈련을 하기도 한다. 독화는 생각보다 쉽게 익힐 수 있으며, 단어 이해력을 최소한 20퍼센트가량 향상시켜 주어서 보청기의 소리 증폭 효과를 더 확실하게 만든다. 난청 정도가 중간 이상인 사람들에게 꼭 필요한 훈련이다.

고도 난청인들이 사용하는 수화는 1760년경에 프랑스의 레페 신부가 만들었다. 완벽하고도 독립적인 이 몸짓 언어는 현재 널리 보급되었으며, 많은 나라에서 일부 텔레비전 프로그램에 의무적으로 수화를 넣도록 법으로 정하고 있다.


## 보청기의 원리는 무엇일까?


일반적인 보청기는, 잘 듣지 못하는 주파수의 음을 특별히 증폭시켜 기도나 골도를 통해 속귀에 보내는 원리를 따른다. 마이크, 증폭기, 이어폰의 구조로 이루어져 있는데, 마이크와 이어폰 사이의 거리에 따라 삑 하고 나는 불쾌한 소리, 즉 **음향**

되울림(하울링 현상)이 일어나서 음의 증폭에 제한이 생길 수 있다.

외이도형 보청기는 크기가 작아 겉에서 보이지 않는다는 점 때문에 모든 청각 장애자들이 선호하지만 증폭에 한계가 있다는 것이 단점이다. 더 큰 증폭을 얻기 위해서는 마이크와 이어폰 사이에 거리를 두어야 하는데, 그렇게 만든 것이 바로 귀걸이형 보청기이다.

가장 이상적인 것은 각자의 청력 상태에 따른 맞춤식 보청기일 것이다. 잘 듣지 못하는 주파수를 보완하고, 특히 대화할 때 사용하는 주파수를 지원하는 것이다. 또한 조용한 곳에서는 물론이고 소음 속에서도 소리를 잘 들을 수 있도록 하는 것이 필요한데, 사실 이것이 가장 어려운 부분이다. 그 문제를 해결하는 데 초점을 맞춘 것이 디지털 보청기로서, 이전의 아날로그 보청기에 비해 크게 발전한 기종이라 할 수 있다. 다양한 크기의 귀걸이형 보청기와 삽입형 보청기 중에서 사용자의 기호에 따라 선택하면 된다.

보청기와 관련된 기술은 계속해서 진보하여 눈부신 발전을 이루고 있지만 그렇다고 해서 모든 감음성 난청을 보청기로 해결할 수 있는 것은 아니다. 일례로 일상적인 소리를 듣는 데는 지장이 없지만 아주 높거나 아주 낮은 소리를 잘 듣지 못하는 경우에는 보청기가 별로 도움이 되지 않으며, 보청기를 사용했을 때 장점보다도 단점이 훨씬 많아진다.

1~4킬로헤르츠 부근의 소리를 듣는 데 문제가 있는 가벼운 난청과 중간 수준의 난청은 보청기를 착용하면 대부분 좋아진다. 하지만 보청기가 증폭할 수 있는 한계는 40데시벨 정도이기 때문에, 고도 난청은 안타깝게도 보청기 착용만으로 해결하기가 어렵다.

소리를 제대로 증폭할 수 있는가 하는 문제는 주파수를 판별하는 능력이 얼마나 손상되었느냐에 달려 있기도 하다. 대부분의 경우 주파수 판별력이 손상되면 고주파수를 듣는 데 먼저 이상이 나타난다. 고주파수를 듣는 데는 저주파수를 들을 때보다 더 큰 진동 에너지가 필요하기 때문이다. 특히 외유모 세포가 손상되면(달팽이관의 감각 신경 손상은 대부분 외유모 세포의 손상에서 시작된다.) 어떤 주파수가 중요한지 선별을 하지 못하게 된다. 그래서 말소리처럼 필요한 주파수와 주변의 소음처럼 무시해야 할 방해 주파수를 보청기가 구분해 주어야 한다. 문제는 말소리와 소음의 주파수가 상당히 비슷하다는 것이다. 게다가 소음 속에서 음원의 위치를 파악하는 능력 역시 주파수 판별력과 관계가 있다.

감음성 난청을 겪는 사람들이 소음 속에서 다른 사람의 말소리를 알아듣는 데 큰 어려움을 느끼는 것은 바로 그런 이유 때문이다. 정상인들은 소음 속에서도 상대방의 말을 잘 알아듣는데, 시끄러운 파티 중에도 원하는 소리는 가려서 듣는다는 의미에서 이를 **칵테일 파티 효과**라고 한다. 만약 보청기가 소리를 구분하지 않고 모든 소리를 무조건 증폭시키기만 한다면, 말소리보다도 소음이 더 잘 들리게 만드는 결과를 낳게 된다. 따라서 난청의 정도가 심할 때는, 증폭을 적게 해야 소리를 편안하게 지각할 수 있다.

보청기는 한쪽에만 착용해야 할까, 아니면 양쪽 다 착용해야 할까? 양쪽 다 착용하는 것이 올바른 방법이긴 하지만, 감음성 난청 환자의 경우에는 양쪽 다 착용하면 소음에 대한 부작용이 증가하는 것처럼 느껴져 대개는 좋아하지 않는다.

보청기를 착용할 수 없을 경우에는 인공 달팽이관을 이식할 수 있다. 프랑스에서는 매해 700건의 시술이 이루어지고 있고, 세계적으로 6만 5000명의 사람들이 이미 이 기술의 혜택을 보았다. 특히 고도 난청이 있는 신생아와 유아에게는 인공 달팽이관을 가능한 한 빨리 이식하는 것이 좋은데, 그렇게 하면 청각과 언어 능력을 정상적으로 회복할 수 있다.

정상인의 경우에는 시끄러운 파티에서도
자신이 원하는 소리를 가려 들을 수 있다. 이것을 '칵테일 파티 효과' 라고 한다.

# 나이가 들면 왜 청력이 떨어질까?

나이가 들면 목소리도 변할까? 실제로 세월에 따라 목소리의 기본음이 변하는데, 남성은 고음 쪽으로, 여성은 저음 쪽으로 이동한다. 또한 음성의 세기가 강해지고, 목소리에 떨림이 나타나며, 바람이 새는 듯한 소리도 나게 된다. 하지만 나이가 들어도 음성의 개인적 특징은 여전히 유지된다. 때문에 말의 속도나 억양, 악센트 등 말하는 방식을 통해서 목소리를 구분할 수 있다. 사실 건강한 노인이 말할 때 겪는 가장 큰 문제는 무엇보다도 틀니 때문에 발음에 이상이 생기는 것이다. 메시지가 올바르게 전달되려면 무엇보다 발음이 정확해야 한다는 사실을 기억하자.

물론 나이가 들면서 겪는 것은 발음 문제가 전부는 아니다. 청각 시스템의 여러 기능에도 손상이 오며, 그 때문에 소음 속에서는 말을 잘 알아듣지 못하게 된다.

보통 말소리는 주파수가 120헤르츠 이상이며 8000헤르츠를 넘지 않는다. 그중에서도 언어를 이해하는 데 필요한 음성 정보 대부분은 1000헤르츠 이상에 위치한다. 그런데 다음 그림에서 알 수 있듯이, 노인들은 달팽이관에서 받아들이는 정보가 바로 1000헤르츠 이상의 영역에서 떨어진다.

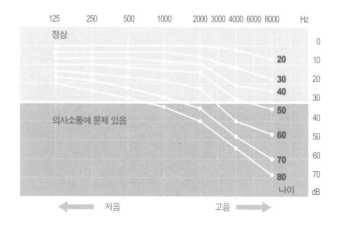

125    250    500    1000    2000 3000 4000 6000 8000    Hz

정상                                                    0
                                              **20**    10
                                              **30**    20
                                              **40**    30
의사소통에 문제 있음                            **50**    40
                                              **60**    50
                                              **70**    60
                                              **80**    70
                                              나이      dB

◀━━  저음                      고음  ━━▶

**노화에 따른 청력 상실**


나이가 들면 달팽이관에서 받아들인 음향 정보를 처리하는 능력 역시 손상될 수 있다. 이런 능력은 달팽이관에 도착한 신호가 양호한지, 중추 청각 경로가 온전한지, 달팽이관이 중추에서 내려온 명령에 제대로 반응하는지에 따라 달라진다.

메시지는 복잡한 체계를 통해 해독해야 하는데, 나이가 들면 해독의 속도 역시 느려진다. 예를 들어 모음은 자음보다 더 길고 강하게 발음되어서 더 쉽게 지각할 수 있는데, 우리는 '어이'라는 소리를 들으면 그 단어가 '머리', '거미', '전기' 등일 수 있다고 순간적으로 예상을 한다. 이런 **음성학적 유추**를 통해 알맞은 단어를 빨리 찾을 수 있는 것인데, 노인들은 이 기능이 떨어져 대화를 할 때 이해력이 떨어지게 된다.

이와 같은 청각 기능 손상은 **인지적 노화**에 포함된다. 인지적 노화는 다음의 세 가지 원인으로 설명할 수 있다.

첫 번째 원인으로 세포 노화를 들 수 있다. 이것은 각각의 생물 종(種)마다 유전적으로 프로그램된 것이다. 다음 원인은 세포 노화를 촉진하는 내분비선˚의 노화이며, 마지막 원인은 바로 사회학적 노화이다. 사회에서 능동적인 역할을 상실한 사람은 폭넓은 사회 활동을 지속하는 사람에 비해 우울증을 더 자주 겪는다. 그런 경우에는 타인과 의사소통하는 것을 더 힘들게 느끼게 된다.

그렇기 때문에 노화와 그에 따른 의사소통 문제는 총체적으로 다루어야 한다. 또한 노인들 스스로 이 문제를 해소하기 위해서 다음의 사항들을 기억해야 한다.

먼저 자신의 의사를 정확하게 발음하고 표현할 수 있어야 한다. 앞에서 얘기했듯이 발음 문제는 잘 맞지 않는 틀니 때문

●●●

**내분비선** 동물 체내에 호르몬을 분비하는 조직 또는 기관. 운반하는 도관 없이 분비물을 혈액 속으로 직접 내보낸다. 부신, 뇌하수체, 갑상선, 생식샘 따위가 있다.

인 경우가 종종 있으므로 이를 점검하도록 한다. 또 의사소통을 스스로 원해야 한다. 우울하다고 해서 그 안에만 갇혀 있지 말고 우울증을 치료할 수 있도록 노력하는 것이 바람직하다.

건강한 각성 상태도 중요하다. 각성은 모든 인지 활동을 좌우하는 아주 중요한 요소이다. 각성 상태는 수면을 얼마나 잘 취하느냐에 따라 달라지는데, 흔히 사용하는 수많은 약품은 수면에 방해를 줄 수 있으므로 신경 안정제나, 진정제, 수면제 같은 것은 되도록 복용하지 않는 편이 좋다. 반면 항우울제나 정신 자극제 같은 약은 각성 상태에 도움을 줄 수 있다.

청력은 시력과도 연관이 있다. 눈에 맞는 안경을 써서 시력을 교정하고 백내장이 있다면 수술을 해서 독화 능력을 키우도록 하는 것이 좋다. 눈과 마찬가지로 귀 역시 문제가 있을 경우 빨리 조치를 취해야 한다. 보청기를 착용한다고 해서 귀가 게을러지는 것이 아니며 난청이 더 심해지는 것도 아니다. 오히려 보청기를 끼고 나서 사람들과 활발히 얘기를 나누고, 음악을 듣고, 카드놀이도 하다 보면 청각이 더 예민해지고 귀의 활동도 활발해진다.

물론 보청기에 환상을 품으라는 소리는 아니다. 보청기의 목적은 소리를 더 크게 들게 해 주는 것이 아니라, 좀 더 잘 이해할 수 있도록 도와주는 것이기 때문이다. 보청기는 의식적으로 듣는 것은 도와줄 수 있지만, 자연적으로 들리는 것까지 도와줄 수는 없다.

또한 보청기를 착용했다고 해서 정상적인 귀가 가지는 기능을 모두 회복할 수는 없다. 주파수를 선별하지 못하는 문제는 보청기가 해결할 수 없다. 음의 증폭을 통해 가청 한계를 조정하고 음의 압축을 통해 음폭을 조정할 수 있을 뿐이다. 또한 귀 양쪽에 보청기를 착용할 경우 소리의 세기 면에서는 효과가 더 커지지만, 말소리를 이해하는 차원에서는 사람에 따라 한계가 있어서, 소음 속에서 말소리 신호를 처리하는 능력이 어느 정도 남아 있을 때에만 도움이 된다.

또 한 가지 알아둘 점은, 모든 인공 보조 기기가 그렇듯이 보청기 또한 제대로 사용하려면 적응 기간이 필요하다는 것이다. 이 부분에 대해서는 이비인후과 전문의와 보청기 전문가들이 도움을 줄 수 있다.

청력은 언어를 이해하고 의사소통을 하는 데 있어 무척이나 중요한 역할을 한다. 때문에 청각 장애는 다른 여러 장애 가운데서도 특히 중요하게 다루어야 한다. 현재 우리의 귀 건강을 지켜 줄 연구가 계속되고 있으며 기술도 꾸준히 발전하고 있다. 청각 장애 검진 기술, 소음에 대한 보호 장치, 유전적 이상에 대한 연구 등등.

특히 기대가 되는 분야는 청각 보조 기기 분야이다. 보청기 뿐 아니라 신경계에 직접적인 자극을 유발하는 장치는 물론, 더 먼 미래에는 청각 세포들을 대신할 기술도 탄생할 수 있을 것이다.

## 더 읽어 볼 책들

- 이정원, 『소리 : 공기의 질주』(성우, 2002).

- 닉 아놀드, 이충호 옮김, 『소리가 슥삭슥삭』(김영사, 1999).

- 바바라 갈라보티, 이충호 옮김, 『사람의 몸』(사계절, 2005).

- 토니 라이트, 이원상 옮김, 『난청과 이명』(아카데미아, 2005).

논술·구술 시험은 논리적이고 종합적인 사고를 요구한다. 다음에 제시된 문제는 이 책의 주제와 연관이 있는 논술·구술 기출 문제이다. 이 책을 통하여 습득한 과학적 지식과 원리, 입체적이고 논리적인 접근 방식을 활용하여 스스로 문제에 답해 보자.

▶ 과학 탐구에서 단위(unit)의 정확한 이해는 매우 중요하다. 아래의 제시문은 어떤 단위를 정의한 것인지, 그리고 어느 경우에 사용되는지를 기술하시오.

"우리가 느끼는 소리의 세기 정도를 나타내는 단위로, 공기의 진동에 의해 고막에 가해지는 압력의 크기와 관계가 있다."

**옮긴이 | 김성희**

부산대 불어교육과 및 동대학원을 졸업했으며 현재 전문 번역가로 활동 중이다.

민음 바칼로레아 35

# 우리는 어떻게 소리를 들을까?

2판 1쇄 찍음  2021년 3월 18일
2판 1쇄 펴냄  2021년 3월 30일

1판 1쇄 펴냄  2006년 7월 31일

**지은이** | 제랄드 팽
**감수자** | 박경한, 김정진
**옮긴이** | 김성희
**발행인** | 박근섭
**펴낸곳** | ㈜민음인

**출판등록** | 2009. 10. 8 (제2009-000273호)
**주소** | 06027 서울 강남구 도산대로 1길 62 강남출판문화센터 5층
**전화** | 영업부 515-2000 **편집부** 3446-8774 **팩시밀리** 515-2007
**홈페이지** | minumin.minumsa.com

도서 파본 등의 이유로 반송이 필요할 경우에는 구매처에서 교환하시고
출판사 교환이 필요할 경우에는 아래 주소로 반송 사유를 적어 도서와 함께 보내주세요.
06027 서울 강남구 도산대로 1길 62 강남출판문화센터 6층 민음인 마케팅부

㈜민음인은 민음사 출판 그룹의 자회사입니다.